BOEKANALYSE

AF131760

Kolonel Chabert

. . . .

HONORÉ DE BALZAC

BOEKANALYSE

Geschreven door Hadrien Seret
Vertaald door Nikki Claes

Kolonel Chabert

HONORÉ DE BALZAC

HONORÉ DE BALZAC   5

Franse schrijver   5

KOLONEL CHABERT   6

Een aangrijpende intrige   6

SAMENVATTING   7

De terugkeer van kolonel Chabert   7
De overeenkomst   9
De verzaking   10

KARAKTERSTUDIE   12

Kolonel Hyacinthe Chabert   12
Gravin Ferraud   14
Maitre Derville   15
Secundaire personages   16

ANALYSE   19

Kolonel Chabert en de realistische esthetiek   19
Een omkering van waarden   22
De positie van vrouwen   24
Balzac's gedachte   26

VERDERE REFLECTIE   30

Enkele vragen om over na te denken…   30

VERDER LEZEN   31

Referentie-uitgave   31
Referentiestudies   31
Aanpassingen   31

HONORÉ DE BALZAC

FRANSE SCHRIJVER

- **Geboren in Tours in 1799.**
- **Overleden in Parijs in 1850.**
- **Opmerkelijke werken:**
  - *De Chouans* (1829), roman
  - *Eugénie Grandet* (1833), roman
  - *Vader Goriot* (1835), roman

Honoré de Balzac was een van de belangrijkste schrijvers van de 19e eeuw. Als jongeman vond hij zijn weg in de wereld van de Parijse aristocratie, waar hij in de daaropvolgende jaren een vaste waarde werd. Hij werd echter al snel geruïneerd door verschillende rampzalige zakelijke ondernemingen en zijn buitensporige levensstijl: het literaire schrijven, dat hij gepassioneerd en ijverig ondernam, werd zijn enige manier om zijn schulden af te betalen.

Hij was een ambitieus man en begon aan een monumentaal werk, *La Comédie Humaine* ("De Menselijke Komedie"), dat meer dan 90 romans omvat en dat tot doel had een volledig portret te schetsen van de samenleving van zijn tijd, zo uitgebreid dat het kon wedijveren met de officiële verslagen. De bekendste romans uit de reeks zijn *Eugénie Grandet* (1833) en *Vader Goriot* (1835).

Balzac wordt beschouwd als een van de grondleggers van de moderne realistische roman.

KOLONEL CHABERT

EEN AANGRIJPENDE INTRIGE

- **Genre:** novelle
- **Referentie-uitgave:** De Balzac, H. (2015) *Kolonel Chabert*. Trans. Huwelijk, C. en Bell, E. CreateSpace Independent Publishing Platform.
- **1e druk:** 1832
- **Thema's:** eer, oorlog, wraak, huwelijk, geld

Hoewel *Kolonel Chabert* voor het eerst verscheen in 1832, werd de definitieve versie van de roman pas in 1844 gepubliceerd. Het maakt deel uit van de Scènes *de la vie privée* van Balzacs *Comédie humaine*, en vertelt het verhaal van Hyacinthe Chabert, een voormalige kolonel in het leger van Napoleon (keizer van de Fransen, 1769-1821), die worstelt om zijn eer, zijn bezittingen en zijn vrouw terug te krijgen nadat hij dood is gewaand.

Deze strijd dient als voorwendsel voor de auteur om te vertellen over de verschrikkelijke daden geïnspireerd door de vereniging van liefde en geld, in een wereld die voortdurend wisselt tussen de armoede van Chabert en de rijkdom van zijn vrouw.

SAMENVATTING

DE TERUGKEER VAN KOLONEL CHABERT

Het verhaal opent in een Parijs advocatenkantoor, waar de klerken in een ontspannen sfeer werken. Terwijl ze grapjes maken, zien ze een oude man aan hun deur komen. Deze ellendig uitziende bezoeker vraagt of hij de meester van de klerken, ene M. Derville, mag spreken. De klerken vertellen hem echter dat M. Derville een zeer druk bezet man is en alleen 's nachts op kantoor komt: de oude man zal rond 1 uur 's nachts terug moeten komen als hij hem wil spreken.

De vreemde man keert op de afgesproken tijd terug en wordt begroet door Derville. Dan onthult hij zijn ware identiteit: hij is Hyacinthe Chabert, in Frankrijk bekend als kolonel Chabert en beroemd om zijn heldendaden op het slagveld en om zijn heroïsche dood in de Slag bij Eylau op 8 februari 1807. In werkelijkheid stierf Chabert niet, maar werd hij gewoon dood gewaand nadat hij in een staat van catalepsie was geraakt (een proces waarbij iemand bewusteloos raakt en niet meer wakker kan worden, zonder dat zijn vitale functies worden aangetast) en werd hij begraven in een massagraf. Toen hij weer bij bewustzijn kwam, was hij er slecht aan toe en had hij een ernstige hoofdwond, en moest hij een weg uit de kuil zien te vinden. Hij werd gered door een echtpaar dat hem uitgroef en mee naar huis nam, maar zijn toestand was zo ernstig dat ze hem naar het ziekenhuis in Heilsberg stuurden, zodat hij de behandeling kon krijgen die hij nodig had. In het ziekenhuis herstelde hij en herinnerde zich dat hij kolonel Chabert was. Toen hij deze naam weer begon te gebruiken, besefte hij dat iedereen dacht dat hij gek was, omdat ze allemaal het nieuws van zijn dood hadden gehoord. Slechts één dokter geloofde hem en schreef hem onder leiding van een notaris document dat zijn identiteit bewees.

Maar uiteindelijk werd de kolonel uit het ziekenhuis verdreven. Nadat hij van stad naar stad was getrokken en zijn verhaal had verteld aan iedereen die wilde luisteren, werd hij uiteindelijk opgenomen in een gesticht in Stuttgart. Twee jaar later werd hij wegens goed gedrag vrijgelaten. Kort daarna ontmoette hij Boutin, een oud-soldaat uit zijn regiment die zijn oude leider onmiddellijk herkende. De kolonel besloot daarop diens vrouw, gravin Ferraud, op te sporen en stuurde Boutin Parijs om haar om hulp te vragen. Omdat hij echter geen hulp kreeg, ging hij zelf naar Parijs, waar hij hoorde van zijn eigen dood, de afwikkeling van zijn nalatenschap en het hertrouwen van zijn inmiddels ex-vrouw. Hoewel hij haar vele brieven schreef, bleef zij doen alsof hij niet bestond. Om wraak te nemen en zijn bezit terug te krijgen, besluit kolonel Chabert naar Derville te komen voor hulp.

In tegenstelling tot de andere advocaten die de oude soldaat heeft geraadpleegd, neemt Derville de zaak zeer ernstig: hij kondigt aan dat hij de documenten van Chabert uit Heilsberg naar zijn kantoor zal laten brengen, en dat hij alles zal doen om de kolonel te helpen slagen. Bovendien zal hij hem elke maand een klein bedrag geven, zodat hij kan rondkomen tot een eventueel proces.

DE OVEREENKOMST

Drie maanden later gaat Derville op bezoek bij zijn cliënt. Chabert logeert bij Vergniaud, een voormalige soldaat uit zijn regiment die nu koeien houdt. In deze miserabele omgeving legt de advocaat de kolonel uit dat een proces tot de mogelijkheden behoort, maar dat het gezien zijn uitzonderlijke omstandigheden extreem duur zal zijn. Hij vertelt de oude man ook dat, aangezien zijn testament al is uitgevoerd, hij slechts kan hopen een kwart van zijn fortuin terug te krijgen. Omdat hij onmogelijk het bedrag bij elkaar kan krijgen dat hij nodig heeft om een rechtszaak te beginnen, biedt Derville aan als bemiddelaar op te treden tussen hem en Madame Ferraud zonder de zaak voor de rechter te brengen. De kolonel aanvaardt en stelt al zijn vertrouwen in zijn weldoener.

Derville gaat naar de gravin, die hij goed kent omdat zij een van zijn klanten is. Hij gebruikt al zijn verstand om een val te zetten voor de ex-vrouw van de kolonel: hij benadrukt de broosheid van haar nieuwe huwelijk en de royalistische aspiraties van haar man, die hem ertoe zouden kunnen aanzetten een potentieel schandaal aan te grijpen om haar te verlaten. Met het oog op deze gevaren stemt zij in met de bemiddeling met kolonel Chabert in het kantoor van de advocaat.

Tijdens de bemiddeling stelt Derville voor dat gravin Ferraud haar ex-man 24 000 francs per jaar betaalt, en in ruil daarvoor de details van de situatie stil worden gehouden. De gravin weigert echter, wat de kolonel boos maakt. Hij beledigt haar en zij verlaat het kantoor.

Als de kolonel het kantoor van Derville verlaat, voert de gravin een charmante act op en laat doorschemeren dat ze weer bij elkaar kunnen komen. Hij loopt recht in haar val. Ze neemt hem mee naar haar landhuis bij Groslay en weet hem te overtuigen zijn wraakzucht op te geven. Hij stemt ermee in zich dood te blijven voordoen om zijn relatie met zijn ex-vrouw te herstellen. Maar net voordat hij een contract tekent waarin zijn afstand wordt bevestigd, beseft hij de truc die zij met hem uithaalt: ze is niet van plan om in het geheim van hem te houden; in plaats daarvan wil ze gewoon van hem af door hem naar Charenton, een gekkenhuis, te sturen. Kolonel Chabert walgt ervan dat ze zich zo laag kan verlagen en vertrekt om weer op straat te gaan zwerven.

DE VERZAKING

Zes maanden nadat deal mislukt is, is Derville nog steeds niet betaald voor zijn diensten en besluit hij contact op te nemen met gravin Ferraud om zijn geld te krijgen. Haar secretaris Delbecq weigert hem te betalen en zegt dat er geen deal was omdat de man die beweerde kolonel Chabert te zijn, toegaf dat hij een bedrieger was. Derville is ervan overtuigd dat de gravin de hand had in deze manipulatie, en concludeert dat, als iemand wil slagen in de Franse maatschappij, vooral zijn geweten en menselijkheid varen.

Kort daarna komt de advocaat toevallig zijn vroegere cliënt tegen in de rechtbank. De man is nu een zwerver die alleen de naam Hyacinthe draagt, en is geïrriteerd en verontwaardigd als Derville hem vertelt dat zijn ex-vrouw heeft geweigerd hem te betalen. Hij ondertekent vervolgens een schuldbekentenis die hij aan de gravin moet overhandigen en legt, omdat hij geen geld heeft, een hand op zijn hart om zijn dankbaarheid te tonen.

Ongeveer 20 jaar later, in juni 1840, vernemen we dat de ex-vrouw van Chabert nu "een slimme vrouw en aangenaam, maar een beetje te vroom" is (p. 90). Haar nieuwe verlangen om God te respecteren wijst op haar schuld in de affaire. Derville heeft in Godeschal een opvolger gevonden en wanneer hij hem vergezelt naar een proces, ontmoeten de twee mannen de voormalige kolonel, die nu in een bejaardentehuis woont. Hij staat niet toe dat ze hem met zijn naam en titel aanspreken en zegt hen: "Ik ben geen man meer, ik ben nr. 164, kamer 7" (ibid.). De oude man is gek, een hartstochtelijk aanhanger van Napoleon, wiens glorie hij nooit ophoudt te vieren, en afgesloten van de maatschappij. Toch komt hij over als een wijs man die "vol filosofie" (p. 91) is en de Parijse maatschappij, die beheerst wordt door de ondeugden van het royalistische regime, de rug heeft toegekeerd. Derville overweegt vervolgens dezelfde keuze te maken, zij het op een minder extreme manier, door naar het platteland te verhuizen.

KARAKTERSTUDIE

KOLONEL HYACINTHE CHABERT

Chabert, waaraan de roman zijn naam ontleent, is een voormalig kolonel in het leger van Napoleon, graaf van het Keizerrijk en grootofficier van het Legioen van Eer. Zijn ouders stierven toen hij nog heel jong was en hij groeide op in het werkhuis: zijn titels en zijn fortuin heeft hij uitsluitend te danken aan verdienste. Als vriend en beschermeling van de keizer wordt hij beschreven als trots, gerespecteerd en edelmoedig: een ware held wiens heldendaden werden geprezen voordat hij dood werd verklaard.

Hoewel hij een held was onder het keizerrijk, veranderde zijn status volledig toen de monarchie terugkeerde. Tijdens de Slag bij Eylau leidde hij een beslissende charge, waarbij hij zulke ernstige verwondingen opliep dat zijn medesoldaten dachten dat hij dood was en hem op het slagveld achterlieten. Hij werd doodverklaard en begraven met de andere gesneuvelde soldaten. Zijn terugkeer in het leven was een traumatische ervaring: iedereen dacht dat hij gedood was en de maatschappij was sterk veranderd terwijl hij weg was. Hij besefte dat hij geen plaats meer had, want zijn naam en elk bewijs van zijn bestaan waren uit de archieven verdwenen. Zijn vrouw weigerde te erkennen dat hij haar ex-man was, zodat haar huidige huwelijk en het fortuin dat zij erfde intact konden blijven.

Het verschil tussen de man die hij ooit was en de man die hij nu is, maakt hem tot een tragisch personage: hij heeft geen reden van bestaan meer, omdat hij zijn plaats in de Parijse maatschappij is kwijtgeraakt. Toch spant hij zich vastberaden in om zijn bezittingen en titels te winnen. Vanaf de eerste zinnen van het boek worden zijn pogingen als vergeefs voorgesteld: hij is een "oude doosjas" (p. 1) die medelijden, afkeer en angst opwekt, en de klerken gooien broodkorsten naar hem. Hij is een zielig figuur, en Derville neemt zijn zaak aan medelijden en medelijden.

In de loop van de roman ontwikkelt het karakter van Chabert zich in drie hoofdfasen:

- Wanneer we aan het begin van het verhaal voor het eerst kennis met hem maken, is hij gekleed in lompen en ziet hij eruit als een lijk. Hij draagt een groteske pruik, die afgaat als hij zijn hoed afneemt. Dit alles maakt hem tot een nogal zielig personage.

- Vervolgens keert hij terug naar zijn oude grandeur dankzij zijn nieuwe kleren en zijn stoutmoedigheid wanneer hij naar het kantoor van Derville gaat om de zaak met zijn vrouw te bespreken. Het is echter deze ambitie die tot zijn ondergang leidt: hij begrijpt de codes van de nieuwe maatschappij niet en ziet, verblind door liefde, niet de val die zijn ex-vrouw voor hem zet.

- Uiteindelijk, als gevolg van zijn afkeer van de hebzucht en kleinzieligheid van zijn vrouw, trekt hij zich volledig terug uit de maatschappij, gaat zelfs zo ver dat hij zijn naam verwerpt (hij stelt zich voor met zijn toegewezen nummer en kamernummer), en gaat in ballingschap, waarbij hij niet alleen weigert zijn titels op te eisen, maar zich ook weigert aan te passen aan de nieuwe omstandigheden van het royalistische regime, waarin hij voor zichzelf geen plaats ziet.

GRAVIN FERRAUD

Kolonel Chaberts voormalige vrouw gravin Ferraud, geboren Rose Chapotel, belichaamt de verwrongen, hebzuchtige Parijse samenleving onder de monarchie. Chabert ontmoette haar in het Palais Royal toen ze een courtisane was en haar brood verdiende door haar gezelschap te verkopen aan mannen. Vervolgens kocht hij haar en maakte haar tot zijn vrouw.

Gekwetst door het fortuin dat ze door haar twee huwelijken heeft vergaard, ontwikkelt ze een honger naar geld, en is ze bereid alles te doen om het te krijgen en te houden:

- Ze gaat achter de rug van haar tweede man om en gebruikt zijn secretaresse Delbecq om het laatste geld uit haar eerste huwelijk terug te vorderen.

- Zij weigert een jaarlijks bedrag van 24 000 francs te betalen – een miniem deel van het fortuin dat zij door list en verduistering uit haar huwelijk met Chabert – als onderdeel van de door Derville voorgestelde minnelijke schikking. Haar verontwaardigde weigering maakt de kolonel boos en zorgt ervoor dat de deal niet doorgaat, waardoor de gravin de zaak persoonlijker kan afhandelen.

- Ze manipuleert Chabert zonder scrupules: ze overtuigt hem ervan dat ze nog steeds van hem houdt maar nu andere prioriteiten heeft, wat ze illustreert door hem voor te stellen aan haar twee kinderen. De oude soldaat wordt geraakt door hun zorgeloosheid, onschuld en genegenheid voor hun moeder.

Gravin Ferraud wordt voorgesteld als een femme fatale. Ze gebruikt haar vrouwelijke charmes, acteertalent en kleinzieligheid om situaties in haar voordeel om te buigen:

> *"Arme kleintjes!" riep de gravin, haar tranen niet langer bedwingend, "ik zal ze moeten achterlaten. Aan wie zal de wet ze toewijzen? [Oh ja! riep ze. Als ik van de graaf word gescheiden, laat mij dan alleen mijn kinderen achter, en ik zal me aan alles onderwerpen...." (pp. 80-81)*

In deze scène wordt de gravin geportretteerd als een manipulatieve vrouw die weet waar haar krachten liggen (in dit geval in haar kinderen en haar tranen). Zo mooi als ze dominant is, belichaamt ze een giftige vorm van schoonheid.

Hoewel ze zich heeft weten op te werken tot een prominente positie in de high society, heeft ze toch haar grenzen:

- Derville, die door zijn baan bedreven is in het analyseren en manipuleren van mensen, slaagt erin haar angsten en bedoelingen te ontdekken en een audiëntie met haar af te dwingen, maar dit loopt op niets uit;
- dat ze haar fortuin niet had kunnen verwerven zonder haar twee huwelijken.

MAITRE DERVILLE

Derville is een advocaat met een eigen kantoor, dat het decor vormt voor de opening van de roman. Hoewel hij aanvankelijk de zaak van Chabert steunt en erin investeert omdat hij net geld heeft gewonnen met gokken, spelen zijn medeleven en goedhartigheid ook een rol. Hij is een nieuwsgierige, intelligente en eerlijke man. Zijn menselijkheid en professionaliteit hebben hem een zeer goede reputatie opgeleverd, en zijn diensten als advocaat worden voortdurend gevraagd.

De zaak van Chabert brengt hem in een delicate situatie: als advocaat van zowel de kolonel als zijn ex-vrouw probeert hij de zaak buiten de rechtbank om op te lossen. Helaas vertrouwt hij mensen (in dit geval gravin Ferraud) te veel, waardoor hij niet het beoogde resultaat kan bereiken. Hij verliest zijn illusies aan het eind van de roman, wanneer hij ontdekt dat de kolonel alles heeft verloren: zijn fortuin, zijn titels, zijn identiteit en zijn menselijkheid, omdat hij weigert in de maatschappij te leven.

Hij schrijft zijn ellendige toestand toe aan zijn filantropie, omdat hij beseft dat hij met deze humane kwaliteit zijn werk niet succesvol kan uitvoeren en zijn eigen waarden niet kan respecteren: "Wees humaan, vrijgevig, filantropisch en advocaat, en je bent gebonden aan bedrog! " (p. 86).

Het werk van Derville heeft hem een diepe kennis van de mensheid opgeleverd, en hij belichaamt oprechtheid, eerlijkheid en ware rechtvaardigheid, wat zeldzame kwaliteiten zijn in de maatschappij die Balzac beschrijft. Zijn afkeer drijft hem ertoe naar het platteland te verhuizen.

Hij verschijnt in dezelfde rol van weldoener in verschillende romans van *La Comédie Humaine*, zoals *Vader Goriot*.

SECUNDAIRE PERSONAGES

Veel secundaire personages spelen een rol in de plot. Dit zijn met name de klerken in het kantoor van Maitre Derville, graaf Ferraud (de tweede echtgenoot van gravin Ferraud), Delbecq (de secretaris van de familie Ferraud) en Louis Vergniaud.

De griffiers

Er zijn vijf klerken: Boucard, Huré, Godeschal (de toekomstige opvolger van Derville), Desroches en Simonnin, de jonge loopjongen van het kantoor.

De roman opent met hen allen samen etend. Ze geven een komisch en grotesk beeld van de clerici, die de burgers beschouwen als niet meer dan stapels dossiers waar ze geen respect voor hebben en naast eten.

Graaf Ferraud

Hoewel hij niet fysiek aanwezig is in het verhaal en niets hoort van de affaire van de ex-man van zijn vrouw, neemt graaf Ferraud een relatief belangrijke plaats in de plot in. Hij is de tweede echtgenoot van de ex-vrouw van kolonel Chabert, Rose Chapotel. Hij was vroeger een aristocraat en verliet Frankrijk tijdens de Revolutie (1789-1799). Hij keerde pas terug toen de monarchie werd hersteld onder Lodewijk XVIII (1755-1824), die hij steunt. Hij heeft twee kinderen verwekt bij zijn vrouw en blijft een bedreiging voor haar. Als hij namelijk achter de financiële manipulatie van zijn vrouw en de terugkeer van kolonel Chabert komt, waardoor zijn huwelijk op losse schroeven komt te staan, zou hij zijn vrouw kunnen verlaten en zijn zinnen zetten op een betere partij aan het hof. Gravin Ferraud wil van Chabert af om haar huwelijk met de graaf in stand te houden.

Delbecq

Delbecq is de secretaris van de familie Ferraud. Hij is volledig toegewijd aan de gravin, die hem financiële beloningen en een belangrijke positie in de Franse justitie beloofd, en hij is degene die haar in staat haar doelen te bereiken dankzij zijn ervaring als geruïneerde ex-advocaat, een meester in de kunst van manipulatie en verduistering.

Louis Vergniaud

Vergniaud is een voormalig kwartiermaker van de Keizerlijke Garde die nu koeien houdt op een kleine boerderij die hij in elkaar geflanst heeft. Chabert was de eerste commandant onder wie hij diende, en hij heeft veel bewondering voor hem. Zijn familie neemt de kolonel in huis en biedt hem een jaar lang gratis kost en inwoning. Niet in staat om de kosten te dragen die dit toevoegt aan hun toch al sombere en moeilijke leven, gaat hij zijn zaak bepleiten bij Derville in de hoop enige compensatie te krijgen. De advocaat verzekert hem dat hij snel wat geld zal ontvangen van Chabert, omdat hij erop vertrouwt dat er een akkoord zal worden bereikt met zijn ex-vrouw. Helaas loopt het anders dan hij had gehoopt, en Vergniaud wordt chauffeur in een taxi nadat zijn zaak is mislukt.

Hij was gelukkig tijdens het Eerste Franse Keizerrijk, maar vindt, net als Chabert, dat hij geen geluk meer heeft nadat de monarchie weer aan de macht is gekomen. Dit benadrukt de verwoestende effecten van de terugkeer van het koningschap, dat geregeerd wordt door hebzucht en machtswellust.

ANALYSE

KOLONEL CHABERT EN DE REALISTISCHE ESTHETIEK

Het realisme is een esthetische stroming die opkwam in de eerste helft van de [19e] eeuw, in tegenstelling tot de Romantiek. Het streeft naar een getrouwe weergave van de werkelijkheid, zonder idealisering of kunstgrepen. Balzac was een van de voorlopers van deze stroming in de literatuur, die tussen 1840 en 1850 erkenning kreeg als stroming. *Kolonel Chabert* bevat verschillende sleutelelementen die fundamenteel zijn voor Balzacs esthetiek.

Schrijven op basis van observatie

Balzacs schrijven is gebaseerd op observatie: hij geeft de echte wereld weer door zijn nauwkeurige observatie van de Franse samenleving. Hierdoor kan hij verschillende soorten personages met verschillende sociale achtergronden introduceren. Bovendien worden personages gerechtvaardigd door hun setting en daarom worden plaatsen en de omgeving beschreven voordat de personen verschijnen. Wanneer Derville bijvoorbeeld het huis van de Vergniauds nadert, beschrijft de verteller uitvoerig deze armoedige omgeving, gebouwd op en met het puin van oude gebouwen:

> *"Dit huis, dat nog maar kort geleden gebouwd is, leek klaar om in puin te vallen. Geen van de materialen had legitieme bestemming gevonden; ze waren verzameld bij de verschillende afbraken die dagelijks in Parijs plaatsvinden. [...] De begane grond, die het bewoonbare deel leek te zijn,*

was aan de ene kant boven de verheven en aan de andere kant verzonken in de opkomende grond" (p. 40).

De beschrijving van het huis, dat op instorten lijkt te staan, stelt de toestand van de bewoners voor en voorspelt hun ondergang: de kolonel zal zijn zaak verliezen, terwijl zijn vriend failliet zal gaan. Nauwelijks is de boerderij gebouwd of hij begint in te storten, en het deel waar de familie woont is al "gezonken". Deze beschrijving vormt de basis voor het portret van de eigenaar, Louis Vergniaud, wiens gezicht "gebruind, met holle wangen en gerimpeld" is (p. 53), en net zo vermoeid, getekend en aards als zijn huis. Net als het huis is ook hij gedoemd om in te storten.

Het verband tussen uiterlijk en identiteit

Ook fysieke beschrijvingen vertellen ons veel over de aard van een personage. Zo wordt Chabert als een dode die is teruggekeerd naar het land der levenden. Bij zijn eerste introductie wordt hij vergeleken met een lijk en wordt hij herhaaldelijk "de dode man" genoemd:

"Zijn ogen leken gehuld in een transparante film […]. Zijn gezicht, bleek, lijkbleek en zo dun als een mes, als ik zo'n vulgaire uitdrukking mag gebruiken, was als het gezicht van een dode. Om zijn nek hing een strakke zwarte zijden kous" (p. 16).

Deze beschrijving komt voordat we de ware identiteit van kolonel Chabert en zijn verhaal ontdekken. Hij wordt voorgesteld als een lijk, een man die uit de dood is herrezen:

• zijn ogen zijn bedekt met een witte film, zoals de ogen van blinden en doden;

• zijn huid is doodsbleek, als die van een lijk;

- de "strakke zwarte zijden kous" om zijn nek laat hem eruit zien als iemand die veroordeeld is tot de dood door ophanging.

Deze details introduceren niet alleen de toestand van de kolonel (hij is een dode man die opnieuw probeert te leven in een nieuwe samenleving, en zijn lijkachtige uiterlijk suggereert dat het moeilijk voor hem zal zijn om er weer bij te horen), maar leiden ook tot een distantiëring die al op de eerste bladzijden van de roman begint met de verwijzing naar zijn "oude box-coat" (p. 1), die nu uit de mode is, en zijn strak geknoopte stropdas, waardoor hij eruit ziet als een man die is opgehangen, dood in de ogen van de samenleving.

Een levend schilderij van de samenleving

Balzac gebruikt het medium fictie om zijn observaties tot leven te brengen en zijn ideeën over de maatschappij te doen gelden. Zo kan hij zijn personages leven inblazen via de plot van een verhaal. Hij geeft de portretten die hij opstelt samenhang en logica door zijn geschriften samen te brengen onder de titel *La Comédie Humaine,* een reusachtig fresco dat bestaat uit verschillende delen, waaronder *Scènes de la vie privée,* waar *kolonel Chabert* deel van uitmaakt. Deze verdeling in scènes vestigt de aandacht op het feit dat sommige personages in de loop van de reeks in verschillende boeken terugkeren. Dit is met name het geval voor advocaten als Derville en Delbecq, hoewel deze laatste erg op de achtergrond blijft.

Hoewel fictie nooit een volledig getrouwe weergave van de werkelijkheid kan geven, kan zij toch de bijzonderheden en gebreken van een bepaalde samenleving aantonen door een reeks personages af te beelden die de menselijke conditie vertegenwoordigen. In *Kolonel Chabert* gebruikt Balzac de gelijknamige hoofdpersoon om de gevolgen van de terug-keer van de monarchie na de val van Napoleon en het Eerste Franse Keizerrijk te analyseren.

EEN OMKERING VAN WAARDEN

Grote politieke verandering

De eerste omwenteling wordt veroorzaakt door een belang-rijke politieke verandering. Balzac gebruikt deze roman namelijk om de veranderingen in de samenleving als gevolg van de terugkeer van de monarchie aan de kaak te stellen. Deze omwenteling wordt ervaren en geïllustreerd door het personage van Chabert. De oude kolonel was een oorlogs-held tijdens het Eerste Franse Keizerrijk onder Napoleon (1804-1815), en verwierf in die periode erkenning en titels. Wanneer hij terugkeert naar Frankrijk in de hoop zijn titels en bezittingen terug te krijgen dankzij de waarden die hij verde-digde en zijn verdiensten als soldaat, realiseert hij zich dat de maatschappij is veranderd in de jaren die hij doorbracht om te herstellen en te zwerven tussen Duitsland en Frankrijk. Terwijl Napoleons bewind (althans in het begin) preten-deerde trouw te zijn aan de republikeinse beginselen, waar-bij aristocratische privileges werden afgeschaft en alle burgers verantwoordelijk werden gesteld voor de wet, voerde de Restauratie van Bourbon (1815-1830) de waarden van de monarchie opnieuw in. In deze periode keerde met name de aristocratie terug en kon justitie worden gemanipuleerd.

Verdienste, liefde en eer

Balzacs roman schetst een samenleving die harteloos is geworden na de terugkeer van de monarchie en de aristocratie. Dit impliceert niet alleen een politieke verandering, maar ook een verandering van waarden, die nu op hun kop staan. In deze nieuwe maatschappij komen de menselijke kwaliteiten van de oude kolonel, als een man die trots, verdienstelijk, moedig en eerlijk is, hem niet meer goed van pas; integendeel, ze leiden hem uiteindelijk naar de ondergang. Hij is een man van woorden en gevoelens en merkt niet welke val zijn ex-vrouw voor hem zet. De gravin laat Chabert geloven dat zij nog steeds verliefd op hem is en gebruikt haar kinderen om hem voor zich te winnen om als winnaar uit de zaak te komen, totdat de dode man de werkelijke redenen ontdekt achter de schijnbare terugkeer van haar gevoelens voor hem.

Ook Derville belichaamt de figuur van de eerlijke en humane advocaat en erkent dat de morele waarden van het verleden, namelijk rechtvaardigheid, verdienste en gelijkheid, nutteloos in deze maatschappij waar kleine ruzies en geld alles overheersen. Verdienste, een van de waarden van het Rijk, wordt belichaamd door Chabert (hij verdiende zijn talrijke titels door zijn heldendaden in de Napoleontische oorlogen), maar is nu vervangen door de macht van geld en ambitie.

Geld en ambitie

De thema's geld en ambitie zijn nauw met elkaar verbonden en sturen de plot. De handelingen van de personages worden voornamelijk gemotiveerd door geld en de wens om een betere positie in de maatschappij te verwerven. Delbecq is hiervan een perfect voorbeeld: hij stemt ermee in om zijn diensten als manipulatieve ex-advocaat aan te bieden in ruil voor geld en een hoge functie in het rechtssysteem.

Geld wordt afgeschilderd als een bron van macht die de personages begeren en nastreven, maar die ook tot hun ondergang kan leiden. Het is een tweesnijdend zwaard dat mensen hebzuchtig en manipulatief maakt.

Fijne gevoelens tellen in deze maatschappij niet meer en leiden tot ongeluk: de liefde die de kolonel nog voelt voor zijn ex-vrouw leidt tot zijn verbanning. Er is dus sprake van een omkering van statussen en waarden. Ten slotte kunnen we deze discrepantie ook interpreteren als een afwijzing van de Romantiek: De gekwelde, tragische, impulsieve Chabert heeft alle kenmerken van de romantische held, maar is niet op zijn plaats in de harde maatschappij die Balzac beschrijft. Het realisme, dat de nieuwe sociale en politieke orde weergeeft, veegt alles op zijn weg.

DE POSITIE VAN VROUWEN

Vrouwen in *Kolonel Chabert* worden vertegenwoordigd door het enige vrouwelijke personage in de roman: Gravin Ferraud, de ex-vrouw van de hoofdpersoon. Zij belichaamt deze omkering van waarden. Hoewel zij erin slaagt op te klimmen tot het niveau van Chabert en zich tegen hem te verzetten, veroordeelt Balzac de methoden die zij daarvoor gebruikt, die zijn ingegeven door geld- en machtswellust.

In deze roman wordt zij de gelijke van de mannen, hoewel haar emancipatie nog steeds afhankelijk is van bepaalde voorwaarden:

- **Huwelijk.** Rose Chapotel (de meisjesnaam van de gravin) slaagde erin de sociale ladder te beklimmen dankzij het huwelijk. Tijdens de periode van het Keizerrijk wordt ze van courtisane gravin dankzij haar huwelijk met Chabert. Tijdens de Restauratie, wanneer de waarden van het regime van Napoleon worden afgeschaft, behoudt ze haar titel en probeert ze de adel te bereiken door te trouwen met een aristocraat. Uit dit huwelijk komen twee kinderen voort.

- **Verleiding en manipulatie.** De gravin maakt gebruik van haar vrouwelijkheid om haar doelen te bereiken. Ze gebruikt haar vrouwelijke charmes om Chabert te beïnvloeden en hem zijn ambitie om zijn titels en zijn vrouw terug te winnen te doen vergeten. Als hij erop staat om weer met haar samen te komen, zal zij alles verliezen: "Alleen vindt u mij een minnaar, een moeder, terwijl u mij slechts een vrouw achterliet" (p. 75).

- **Geld.** De gravin bereikt haar doelstellingen grotendeels dankzij Delbecq, die ze rijkelijk betaalt om zich te verzekeren van zijn diensten, zijn discretie en zijn trouw.

De vrouw belichaamt hier een aspect van de politieke en sociale omwenteling die het gevolg is van de terugkeer van de monarchie: er is niets waartoe zij zich niet zal verlagen om haar rechten en haar status te behouden. Toch lijkt ze bij haar eerste optreden jong en zuiver, en later, in haar buitenverblijf, komt ze op Chabert over als een liefhebbende echtgenote en moeder. Maar in tegenstelling tot Balzacs andere vrouwelijke personages zijn deze ogenschijnlijke kwetsbaarheid en zuiverheid slechts een rookgordijn om de gravin in staat te stellen haar ambities waar te maken.

BALZAC'S GEDACHTE

In *La Comédie Humaine wil* Balzac door middel van fictie een portret van de samenleving maken. Dit is meer dan een simpele observatie of een getrouwe weergave. Zijn doel is de lezer de gebreken van de maatschappij te laten zien, die worden geïntroduceerd via een reeks personages, en uit dit onderzoek een conclusie en een min of meer expliciete moraal te trekken (in dit geval wordt de moraal door Derville aan het eind van de roman verwoord: "Wees humaan, edelmoedig, filantropisch en een advocaat, en je wordt zeker bedrogen!", p. 86).

Een destructieve samenleving

De destructieve maatschappij wordt vertegenwoordigd door Parijs, waar het grootste deel van de plot zich afspeelt. De energie en beweging van de stad brengt het slechtste in de mensen naar boven en staat in contrast met het platteland, dat wordt afgeschilderd als een plaats van rust en zorgeloosheid waar het leven gemakkelijker is. Chabert wordt door deze maatschappij gestraft omdat hij probeert zijn oude rechtmatige plaats daarin te winnen.

De maatschappij lijkt alles te vernietigen wat er niet in past. Chabert verschijnt als een tragisch personage vanaf het moment dat we hem leren kennen. Hij is de onmodieuze "oude dozenjas" waar de bedienden stukjes brood naar gooien. Simonnin, een jongen die op kantoor werkt, drijft de spot met hem als hij zijn verzoek komt indienen. Zijn komst wordt ook beschreven naast de komische scène van de maaltijd van de klerken.

De pijnlijke beproeving van Chabert's leven

In deze wrede samenleving lijkt het leven nog moeilijker en pijnlijker dan de militaire heldendaden van de kolonel tijdens de Slag bij Eylau. Zijn "krachtige aanval" (p. 19), waarbij hij alleen op de vijand afstormde, met de rest van zijn garde ver achter zich aan, wordt in het epos verhaald en is sindsdien de geschiedenis ingegaan.

Zijn terugkeer naar het leven onder de monarchie is echter ellendig, zielig, traag en moeizaam. Hij wordt verstoten door de maatschappij: hij zwerft soms als een zwerver en wordt soms voor gek aangezien. Zelfs de dood lijkt een betere optie dan het leven: "Hij voelde zo'n afkeer van het leven, dat als er water bij de hand was geweest, hij zich erin zou hebben geworpen; dat als hij een pistool had gehad, hij zijn hersens eruit zou hebben geblazen" (p. 84).

Vluchten is de enige optie: ontmenselijking als noodzakelijke voorwaarde voor de handhaving van waarden

Balzac verwerpt de maatschappij die beschreven wordt in *Kolonel Chabert* volledig. Zij wordt voorgesteld als een plaats waar individuen niet met echte waarden kunnen leven en hun bestemming niet kunnen vervullen. In plaats van zich aan deze maatschappij aan te passen, worden ze gedwongen hun menselijkheid op te geven als ze er willen blijven wonen. Terwijl het verleden van de kolonel hem kenmerkt als een episch en christelijk figuur is hij binnen de maatschappij een zondebok. Zijn enige optie is te vluchten zonder te vragen wat hem verschuldigd is, zijn naam te vergeten en die achter zich te laten. Derville is het enige andere personage dat overweegt Parijs te verlaten. Voor Balzac, die heimwee heeft naar het keizerrijk onder Napoleon, zijn deze twee mannen de enigen die gerechtigheid vinden.

Hiermee geeft de auteur duidelijk zijn voorkeur aan voor het zijn boven het doen: het geluk van de mens komt niet voort uit zijn bezit, maar uit zijn identiteit en moraal. Chabert kiest voor ontmenselijking: hij weigert bij zijn naam te worden genoemd of zich aan te passen aan de maatschappij en laat zich tegen het einde van de roman alleen nog identificeren met zijn bewonersnummer in het bejaardentehuis. *Kolonel Chabert* illustreert dus de manier waarop de samenleving die door de terugkeer van de monarchie is ontstaan, individuen verplettert. De gelijknamige hoofdpersoon belichaamt deze tegenstelling tussen een tijd waarin volgens Balzac sprake was van echte rechtvaardigheid en gelijkheid, en een tijd waarin manipulatie hoogtij viert. De kolonel vindt inderdaad geen rechtvaardigheid en doet uiteindelijk afstand van zijn positie, waarmee hij in de voetsporen treedt van Napoleon. Er is geen plaats voor zijn humanisme (dat hij deelt met Derville) of zijn tragische karakter in de Parijse samenleving. Om de wreedheid van de wereld te ontvluchten, kiest hij ervoor zijn naam en identiteit op te geven en bezwijkt hij aan een vorm van waanzin.

Door een maatschappij weer te geven die door de fictieve personages Chabert en Derville wordt geïntroduceerd, geeft Balzac de lezer niet alleen een voorstelling van deze maatschappij, maar ook een morele kritiek op de beschaving van zijn tijd.

VERDERE REFLECTIE

ENKELE VRAGEN OM OVER NA TE DENKEN...

- Hoe zou u Balzacs realisme in *Kolonel Chabert omschrijven*?

- Zijn er elementen in de roman die je informatie geven over hoe Balzac schrijft? Zo ja, welke?

- Welke visie op het huwelijk presenteert Balzac in de roman?

- Welke positie neemt gravin Ferraud in in haar conflict met haar voormalige echtgenoot? Welk vrouwbeeld geeft zij?

- In hoeverre kan gezegd worden dat kolonel Chabert zowel een episch als een pathetisch personage is? Hoe houdt dit verband met de ontwikkeling van de maatschappij?

- In welk opzicht weerspiegelt dit boek de periode waarin het werd gepubliceerd?

- Wat verbindt *kolonel Chabert* met de rest van *La Comédie Humaine*?

- Beschouwt u dit werk als een soort veroordeling? Zo ja, wat veroordeelt Balzac erin?

- Vergelijk deze roman met zijn verfilmingen.

- Wat maakte Balzac volgens u tot een van de grootste schrijvers van de 19e eeuw? Wat zijn de redenen voor zijn succes?

VERDER LEZEN

REFERENTIE-UITGAVE

De Balzac, H. (2015) *Kolonel Chabert*. Trans. Huwelijk, E. en Bell, C. CreateSpace Independent Publishing Platform.

REFERENTIESTUDIES

Robb, G. (2000) *Balzac*. Londen: Picador.

AANPASSINGEN

Le Colonel Chabert. (1911) [Korte film]. André Calmettes en Henri Pouctal. Dirs. Frankrijk.

Il Colonnello Chabert. (1920) [Film]. Carmine Gallone. Dir. Italië: Lucio D'Ambra.

Man Zonder Naam. (1932) [Film]. Gustav Ucicky. Dir. Duitsland: UFA.

Kolonel Chabert. (1943) [Film]. René Le Hénaff. Dir. Frankrijk: Compagnie Commerciale Française Cinématographique.

Colonel Chabert. (1994) [Film]. Yves Angelo. Dir. Frankrijk: Canal+, DD Productions, Film Par Film, Orly Films, Paravision International S.A., Sidonie, Sédif Productions, TF1 Films Production.

*We horen graag van jou! Laat
een reactie achter op jouw online bibliotheek
en deel je favoriete boeken op social media!*

De uitgever garandeert de betrouwbaarheid van de gepubliceerde informatie, die echter niet onder zijn verantwoordelijkheid valt.

www.50minutes.com

Master ISBN: 9782808688185
Papier ISBN: 9782808699587
Wettelijk depot: D/2023/12603/1238

Omslag: © Primento

Digitaal ontwerp: Primento, de digitale partner van uitgevers.